INSTITUCIONALIDAD & RIQUEZA

Pablo Suriel Langumas

INSTITUCIONALIDAD & RIQUEZA

Santo Domino, Distrito Nacional
Septiembre 2022

Institucionalidad &Riqueza

Autor:
Pablo Suriel Langumas

Primera edición:
Septiembre 2022

Diagramación:
Roger Rufino Contreras González

Diseño de portada:
Abigail Massiel Bonilla

ISBN: 978-9945-18-282-8

DEDICATORIA

Dedico este libro a toda mi familia, colaboradores, relacionados y todos los seres humanos que de una u otra forma puedan beneficiarse de la aplicación sostenida del oro intangible, que es LA INSTITUCIONALIDAD. A todos y todas mi más sincera gratitud, con mucho cariño y respeto.

ÍNDICE

INTRODUCCIÓN

El contenido de este libro nos impulsará a trabajar y educarnos sin descanso, para la institucionalidad; OASIS DE LA RIQUEZA, que impulsará los países especialmente a los más pobres a ser más justos y soberanos, en bienestar de todos sus ciudadanos. ¡ADELANTE LA INSTITUCIONALIDAD PARA QUE TODOS LOS CIUDADANOS EN EL MUNDO VIVAMOS CON MÁS SEGURIDAD, PAZ Y DIGNIDAD!

CAPÍTULO I
REFLEXIONES SOBRE LA INSTITUCIONALIDAD PARA LA CREACIÓN DE RIQUEZA

Si se implementa
la INSTITUCIONALIDAD,
los pueblos vivirán con DIGNIDAD.

Pablo Suriel Langumas

INSTITUCIONALIDAD=DIGNIDAD

Pablo Suriel Langumas

La pobreza de los países,
no se elimina con MONEDAS,
si no con institucionalidad
y CONSECUENCIA.

Pablo Suriel Langumas

INSTITUCIONALIDAD=LIBERTAD

Pablo Suriel Langumas

Una Sociedad sin INSTITUCIONALIDAD, termina hambrienta y sin LIBERTAD.

Pablo Suriel Langumas

INSTITUCIONALIDAD=ORDEN

Pablo Suriel Langumas

Lo que hace grande a la patria,
es la educación del PUEBLO
y la institucionalidad creada
y sustentada por sus GOBIERNOS.

Pablo Suriel Langumas

INSTITUCIONALIDAD=IGUALDAD

Pablo Suriel Langumas

El que vota por los corruptos,
es cómplice de la barbarie
SOCIAL, incluyendo su entorno
FAMILIAR.

Pablo Suriel Langumas

INSTITUCIONALIDAD=PROSPERIDAD

Pablo Suriel Langumas

Con la educación a los pueblos,
se transforma la conciencia
CIUDADANA; médula
de la institucionalidad, para la riqueza
y bienestar de la SOCIEDAD.

Pablo Suriel Langumas

INSTITUCIONALIDAD=CONFIABILIDAD

Pablo Suriel Langumas

Los países ricos, no son más INTELIGENTES, sí, tienen instituciones más FUERTES.

Pablo Suriel Langumas

INSTITUCIONALIDAD=ESTABILIDAD

Pablo Suriel Langumas

La INSTITUCIONALIDAD,
es el sustento humanista
de la HUMANIDAD.

Pablo Suriel Langumas

INSTITUCIONALIDAD= EQUIDAD

Pablo Suriel Langumas

Un país con una moneda fuerte
e INSTITUCIONALIDAD,
sus ciudadanos vivirán
con DIGNIDAD.

Pablo Suriel Langumas

INSTITUCIONALIDAD= PAZ

Pablo Suriel Langumas

Establecer la institucionalidad es la acción más SOLEMNE, para un país vivir con PROSPERIDAD.

Pablo Suriel Langumas

INSTITUCIONALIDAD= INTEGRIDAD

Pablo Suriel Langumas

Todo el que piensa en los DEMÁS, debe defender y luchar por la INSTITUCIONALIDAD.

Pablo Suriel Langumas

INSTITUCIONALIDAD= VOLUNTAD

Pablo Suriel Langumas

Concientizar un país de la importancia
de la INSTITUCIONALIDAD,
lo conduce a vivir
en paz y DIGNIDAD.

Pablo Suriel Langumas

INSTITUCIONALIDAD= HONESTIDAD

Pablo Suriel Langumas

La INSTITUCIONALIDAD, será validada por la creación de riqueza y la fortaleza de la MONEDA.

Pablo Suriel Langumas

INSTITUCIONALIDAD= RACIONALIDAD

Pablo Suriel Langumas

Un país sin INSTITUCIONALIDAD,
termina en la miseria
y en la dirección EQUIVOCADA.

Pablo Suriel Langumas

INSTITUCIONALIDAD=RAZONABILIDAD

Pablo Suriel Langumas

Un país sin INSTITUCIONALIDAD, abre las puertas a una dictadura con alto índice de CRIMINALIDAD.

Pablo Suriel Langumas

INSTITUCIONALIDAD=SECUENCIALIDAD

Pablo Suriel Langumas

La falta de INSTITUCIONALIDAD, humilla a los ciudadanos y fomenta la DESIGUALDAD.

Pablo Suriel Langumas

INSTITUCIONALIDAD=CONSTITUCIONALIDAD

Pablo Suriel Langumas

Un país con instituciones FUERTES, genera confianza en sus gentes y más aún en los VISITANTES.

Pablo Suriel Langumas

INSTITUCIONALIDAD=TRANSPARENCIA

Pablo Suriel Langumas

Un político que accione y defienda la INSTITUCIONALIDAD, será reconocido y admirado por su DIGNIDAD.

Pablo Suriel Langumas

INSTITUCIONALIDAD=CONSECUENCIA

Pablo Suriel Langumas

El gobierno que actúe
con INSTITUCIONALIDAD,
se convertirá en un ejemplo
a seguir en la HUMANIDAD.

Pablo Suriel Langumas

INSTITUCIONALIDAD=PERSEVERANCIA

Pablo Suriel Langumas

Cuando los gobiernos masacran
la INSTITUCIONALIDAD,
se convierten en aeropuertos
para aterrizar las dictaduras
POPULISTAS.

Pablo Suriel Langumas

INSTITUCIONALIDAD=TOLERANCIA

Pablo Suriel Langumas

La INSTITUCIONALIDAD,
es el oro intangible, para
la estabilidad de la SOCIEDAD.

Pablo Suriel Langumas

INSTITUCIONALIDAD=CAPACIDAD

Pablo Suriel Langumas

La institucionalidad fomenta
el amor y la PAZ, médula
de la creación HUMANISTA.

Pablo Suriel Langumas

INSTITUCIONALIDAD=FORMALIDAD,

Pablo Suriel Langumas

Sin INSTITUCIONALIDAD, no será posible controlar el hambre de la HUMANIDAD.

Pablo Suriel Langumas

INSTITUCIONALIDAD= SOCIABILIDAD

Pablo Suriel Langumas

La comunidad científica
con INSTITUCIONALIDAD,
garantiza la salud a la HUMANIDAD.

Pablo Suriel Langumas

INSTITUCIONALIDAD= RESPETABILIDAD

Pablo Suriel Langumas

Con INSTITUCIONALIDAD, garantizamos a cada ciudadano su casa y vivir con más DIGNIDAD.

Pablo Suriel Langumas

INSTITUCIONALIDAD=POTESTAD

Pablo Suriel Langumas

"La educación y la acción sustentadas
en la INSTITUCIONALIDAD,
garantiza el desarrollo
de los pueblos y la convivencia
en PAZ".

Pablo Suriel Langumas

52

INSTITUCIONALIDAD=ECUANIMIDAD

Pablo Suriel Langumas

Con la institucionalidad aplicada,
desaparece la pobreza
HUMANA, para sostener
una eficiente justicia SOCIAL.

Pablo Suriel Langumas

INSTITUCIONALIDAD=COMUNIDAD

Pablo Suriel Langumas

Un político con ansiedad
de RIQUEZA, es enemigo
de la institucionalidad y la buena
práctica HUMANISTA.

Pablo Suriel Langumas

INSTITUCIONALIDAD=COLECTIVIDAD

Pablo Suriel Langumas

La INSTITUCIONALIDAD,
es el baluarte ilustre
de la HUMANIDAD.

Pablo Suriel Langumas

INSTITUCIONALIDAD=CONVENCIONALIDAD

Pablo Suriel Langumas

INSTITUCIONALIDAD,
es la identidad civilista
de la HUMANIDAD.

Pablo Suriel Langumas

INSTITUCIONALIDAD=RESPETUOSIDAD,

Pablo Suriel Langumas

La INSTITUCIONALIDAD,
es el mejor traje para vestir
a la HUMANIDAD.

Pablo Suriel Langumas

INSTITUCIONALIDAD=MOTIVIDAD

Pablo Suriel Langumas

Un país sin INSTITUCIONALIDAD,
se convierte en una trinchera
de la CRIMINALIDAD.

Pablo Suriel Langumas

INSTITUCIONALIZADA= ACCIONABILIDAD

Pablo Suriel Langumas

Defender la institucionalidad,
por CONVICCIÓN, es responsabilidad
de todos los ciudadanos
de una NACIÓN.

Pablo Suriel Langumas

66

INSTITUCIONALIDAD= SENSIBILIDAD

Pablo Suriel Langumas

La falta de INSTITUCIONALIDAD,
constituye un atropello
a la dignidad de la PATRIA.

Pablo Suriel Langumas

INSTITUCIONALIDAD= SOSTENIBILIDAD

Pablo Suriel Langumas

Los pueblos sin
INSTITUCIONALIDAD, lloran
lágrimas de sangre
por la falta de LIBERTAD.

Pablo Suriel Langumas

INSTITUCIONALIDAD= INDEPENDENCIA

Pablo Suriel Langumas

Los hombres y mujeres que luchan por la INSTITUCIONALIDAD, son mecedores de la INMORTALIDAD.

Pablo Suriel Langumas

INSTITUCIONALIDAD=CORRECCIONALIDAD

Pablo Suriel Langumas

Los pueblos que se alimentan
con INSTITUCIONALIDAD,
convierten la pobreza
en prosperidad y RIQUEZA.

Pablo Suriel Langumas

INSTITUCIONALIDAD=CONVIVENCIA

Pablo Suriel Langumas

La falta de INSTITUCIONALIDAD, humilla a los pueblos y los obliga a emigrar en busca de mejores SUEÑOS.

Pablo Suriel Langumas

INSTITUCIONALIDAD= CONVENIENCIA

Pablo Suriel Langumas

La falta de INSTITUCIONALIDAD,
impacta la dignidad
y la convivencia en PAZ.

Pablo Suriel Langumas

INSTITUCIONALIDAD= SOBERANÍA

Pablo Suriel Langumas

INSTITUCIONALIDAD,
es fuente de riqueza y elimina
LA POBREZA.

Pablo Suriel Langumas

INSTITUCIONALIDAD=RECEPTIVIDAD

Pablo Suriel Langumas

La institucionalidad INSTITUCIONAL, genera en la sociedad el motivo de CONFIAR.

Pablo Suriel Langumas

INSTITUCIONALIDAD=RECIPROCIDAD

Pablo Suriel Langumas

El ser humano institucionalizado,
es fuente de RIQUEZA, por sentirse
motivado en lo personal y todo lo que
REPRESENTA.

Pablo Suriel Langumas

INSTITUCIONALIDAD=CONVENCIONALIDAD

Pablo Suriel Langumas

Siempre habrá países POBRES,
si seguimos permitiendo la debilidad
de nuestras INSTITUCIONES.

Pablo Suriel Langumas

INSTITUCIONALIDAD= ESPERANZA

Pablo Suriel Langumas

Con la implementación
de la INSTITUCIONALIDAD,
los pueblos vivirán con DIGNIDAD.

Pablo Suriel Langumas

INSTITUCIONALIDAD= TRAZABILIDAD

Pablo Suriel Langumas

Un gobierno
con INSTITUCIONALIDAD,
nos conduce a la riqueza y la PAZ.

Pablo Suriel Langumas

INSTITUCIONALIDAD= CONECTIVIDAD

Pablo Suriel Langumas

Los países ricos construyen
sus RIQUEZAS, por la institucionalidad
y FIRMEZA.

Pablo Suriel Langumas

INSTITUCIONALIDAD= HERMANDAD

Pablo Suriel Langumas

Los países pobres tienen
que luchar por
la INSTITUCIONALIDAD,
para lograr riqueza
y vivir con DIGNIDAD.

Pablo Suriel Langumas

INSTITUCIONALIDAD= ORDENABILIDAD

Pablo Suriel Langumas

La INSTITUCIONALIDAD, constituye el orden y motivación de una SOCIEDAD.

La INSTITUCIONALIDAD,
constituye el orden y motivación
de una SOCIEDAD.

Pablo Suriel Langumas

INSTITUCIONALIDAD= COOPERATIVIDAD

Pablo Suriel Langumas

Un gobierno institucional,
algunos tendrán que ENFRENTAR,
el pueblo lo apoyará y las futuras
generaciones se BENEFICIARÁN.

Pablo Suriel Langumas

INSTITUCIONALIDAD= MANCOMUNIDAD

Pablo Suriel Langumas

Un país pobre que quiera INSTITUCIONALIDAD, tiene que saber LEGISLAR para el estado DEMANDAR.

Pablo Suriel Langumas

INSTITUCIONALIDAD=PRODUCTIVIDAD

Pablo Suriel Langumas

Capítulo II
Impacto De La Devaluación En Una Nación

Una moneda débil genera
INFLACIÓN, es el impuesto
sin ley más criminal
a una NACIÓN.

Pablo Suriel Langumas

ESTABILIDAD=SEGURIDAD

Pablo Suriel Langumas

No hay estrategia que salve
la RIQUEZA, de la devaluación
de su MONEDA.

Pablo Suriel Langumas

ESTABILIDAD= CONFIANZA

Pablo Suriel Langumas

Una moneda DEVALUADA, es germen de la DESINSTITUCIONALIDAD.

Pablo Suriel Langumas

ESTABILIDAD=GARANTÍA

Pablo Suriel Langumas

La devaluación de la moneda
de una NACIÓN, crea
a los emprendedores y creadores
de riquezas, la más devastadora
DESILUSIÓN.

Pablo Suriel Langumas

ESTABILIDAD=VOLUNTAD

Pablo Suriel Langumas

En el mundo hay que sustituir
las monedas débiles por monedas
FUERTES, para garantizar
con institucionalidad las vidas
de las PERSONAS.

Pablo Suriel Langumas

ESTABILIDAD=PRODUCTIVIDAD

Pablo Suriel Langumas

Colección de libros de Grandes Pensamientos

INSTITUCIONALIDAD
&RIQUEZA

El orden enriquece
nuestras vidas.

PABLO SURIEL LANGUMAS
MANDAMIENTOS
DE UN EMPRENDEDOR

Pensar es crear
soluciones.

PENSAMIENTOS
DE ÉXITO

Pensar
es reflexionar.

POESÍAS
DE MI ALMA

El amor es la
expresión más
sensible del alma.

Esta primera edición
Institucionalidad & Riqueza,
se termino de imprimir
en el mes de Septiembre del 2022,
en los talleres gráficos de Editora Búho,
Santo Domingo, República Dominicana.